广西科技计划项目（桂科 AB20159032）资助

高速公路危险驾驶行为监测、预警及车辆控制技术指南

Technical Guide for Surveillance, Advanced Warning and Vehicle Control for Hazardous Driving Behaviors on Freeway

陆山风　何廷全　李　敏　骆中斌　俞山川　**编著**

西南交通大学出版社
2023　成都

图书在版编目（CIP）数据

高速公路危险驾驶行业监测、预警及车辆控制技术指南 / 陆山风等编著. —成都：西南交通大学出版社，2023.5

ISBN 978-7-5643-9274-1

Ⅰ.①高… Ⅱ.①陆… Ⅲ.①高速公路－汽车驾驶－危全辨识－指南 Ⅳ.①U471.1-62

中国国家版本馆 CIP 数据核字（2023）第 078642 号

高速公路危险驾驶行业监测、预警及车辆控制技术指南

陆山风 何廷全 李敏 骆中斌 俞山川 编著

责任编辑	宋浩田
封面设计	曹天擎
出版发行	西南交通大学出版社 （四川省成都市二环路北一段 111 号 西南交通大学创新大厦 21 楼）
发行部电话	028-87600564　028-87600533
邮政编码	610031
网　　址	http://www.xnjdcbs.com
印　　刷	成都蜀通印务有限责任公司
成品尺寸	140 mm×203 mm
印　　张	2.5
字　　数	52 千
版　　次	2023 年 5 月第 1 版
印　　次	2023 年 5 月第 1 次
书　　号	ISBN 978-7-5643-9274-1
定　　价	38.00 元

图书如有印装质量问题　本社负责退换

版权所有　盗版必究　举报电话：028-87600562

前 言

本指南由广西新发展交通集团有限公司牵头组织编制，招商局重庆交通科研设计院有限公司、广西新恒通高速公路有限公司、长安大学共同承担本指南的制定工作。

为指导广西新发展交通集团有限公司所辖高速公路危险驾驶行为监测、预警及车辆控制工作，加强高速公路运营风险监管与防范，保障高速公路运营安全和服务水平，实现高速公路运营安全风险源监测自动化、风险识别智能化、应急处置快速化，制定本指南。

本指南规定了高速公路危险驾驶行为的监测内容和要求、预警要求和处理、车辆控制要求等。内容包括总则、规范性引用文件、术语和符合、监测内容、识别要求、预警要求、预警处理、车辆控制、附录。

本指南按照GB/T 1.1—2020《标准化工作导则 第1部分：标准化文件的结构和起草规则》的规定起草。

编写人员名单

主　　　编：陆山风　　何廷全　　李　敏　　骆中斌
　　　　　　俞山川
副 主 编：宋　浪　　蓝日彦　　李　刚　　陈均栋
　　　　　　王少飞
参编人员：杨泓全　　邓晓宁　　谢耀华　　周　健
　　　　　　赖增伟　　覃　林　　安文娟　　周　欣
　　　　　　陈　晨　　冯学茂　　黄勇钧　　朱　湧
　　　　　　马　璐　　陈　珍　　聂杰雄　　刘馥齐
　　　　　　叶　青

目 录

1 总　　则 ·· 1

2 规范性引用文件 ·· 2

3 术语和符号 ·· 4
　　3.1 术　语 ··· 4
　　3.2 符　号 ··· 8

4 监测内容 ·· 9
　　4.1 驾驶人员疲劳驾驶监测 ························ 9
　　4.2 分流区停车、逆行、鼻端变道监测 ········ 10
　　4.3 车辆危险跟驰和变道监测 ···················· 11
　　4.4 蛇形驾驶和频繁换道监测 ···················· 12
　　4.5 速度不稳监测 ···································· 12
　　4.6 车道侵占监测 ···································· 13

5 识别要求 ·· 14
　　5.1 一般要求 ··· 14
　　5.2 硬件要求 ··· 15

6 预警要求 ·· 17
　　6.1 一般要求 ··· 17
　　6.2 功能要求 ··· 17

  6.3 预警级别 ··· 19
  6.4 预警系统要求 ··· 20

7 预警处理 ··· 23
  7.1 级别Ⅰ预警 ·· 23
  7.2 级别Ⅱ预警 ·· 23
  7.3 级别Ⅲ预警 ·· 23
  7.4 级别Ⅳ预警 ·· 24
  7.5 级别Ⅴ预警 ·· 25
  7.6 特殊预警 ··· 26

8 车辆控制 ··· 27
  8.1 车路协同系统 ··· 27
  8.2 先进驾驶辅助系统 ADAS ··· 41
  8.3 自动驾驶系统 ADS ··· 50

附录 A 危险驾驶指数（资料性）·· 56

附录 B 危险驾驶风险（资料性）·· 65

1 总　则

1.0.1　为规范广西新发展交通集团有限公司所辖高速公路的危险驾驶行为监测、预警及车辆控制工作，保障高速公路运营安全和服务水平，特制定本指南。

1.0.2　本指南包括总则、规范性引用文件、术语和定义、监测内容、识别要求、预警要求、预警处理、车辆控制等内容。

1.0.3　本指南适用于对高速公路危险驾驶行为及车辆的监测、预警与控制。

2 规范性引用文件

下列文件中的内容通过文中的规范性引用而构成本文件必不可少的条款。其中，注日期的引用文件，仅该日期对应的版本适用于本文件；不注日期的引用文件，其最新版本（包括所有的修改单）适用于本文件。

GB 5768 道路交通标志和标线

GB/T 23828 高速公路 LED 可变信息标志

GB/T 19392—2013 车载卫星导航设备通用规范

GB/T 26149—2017 乘用车轮胎气压监测系统的性能要求和试验方法

GB/T 26773 智能运输系统 车道偏离预警系统 性能要求与检测方法

GB/T 33577 智能运输系统 车辆前向碰撞预警系统 性能要求和测试规程

JTG D81—2017 公路交通安全设施设计规范

JT/T 794 道路运输车辆卫星定位系统 车载终端技术要求

JT/T 1076 道路运输车辆卫星定位系统 车载视频终端技术要求

JT/T 883 营运车辆行驶危险预警系统 技术要求和试验方法

JT/T 1242—2019 营运车辆自动紧急制动系统性能要求和测试规程

JT/T 1274 道路货物运输车辆类型划分

GA/T 832 道路交通安全违法行为图像取证技术规范

GB/T 29100 道路交通信息服务 交通事件分类与编码

JT/T 489 收费公路车辆通行费车型分类

GB/T 40429—2021 汽车驾驶自动化分级

YD/T 2575 TD-LTE 数字蜂窝移动通信网 终端设备技术要求（第一阶段）

3 术语和符号

3.1 术　语

3.1.1 危险驾驶行为

一类驾驶行为特征，包括疲劳驾驶、超速行驶、违章超车、违章变道、频繁换道、压线行驶、弯道行驶不减速等。

3.1.2 疲劳驾驶

由于驾驶员缺少休息或长时间驾驶等原因，产生生理机能和心理机能的失调而出现的驾驶过程中反应时间变慢、视力与协调性变差、或处理外界信息延迟等现象的驾驶状态。

3.1.3 超速行驶

驾驶员在驾车行驶中，以超过法律、法规规定的速度进行行驶的驾驶行为。

3.1.4 违章超车

驾驶员在禁止超车的路段或者在没有安全超车条件的路段强行超车的驾驶行为。

3.1.5 违章变道

驾驶员在驾驶过程中违反道路禁止标线，不遵守限定的道路标记符号驾驶，违章超车、变道等驾驶行为。

3.1.6 频繁换道

驾驶员同一时间内从某一车道频繁多次变道的驾驶行为。

3.1.7 压线行驶

驾驶员行驶车辆占用对向车道，或占用同向车道及路缘带的驾驶行为。

3.1.8 弯道行驶不减速

驾驶员行驶在弯道时，未按照弯道限制的速度通过的驾驶行为。

3.1.9 危险驾驶指数

反映驾驶员危险驾驶程度的指标。

3.1.10 危险驾驶监测、预警及车辆管控系统

用于监测识别高速公路驾驶员危险驾驶特征，满足政府监管部门及运营企业对驾驶员危险驾驶监测及预警需求，并能对危险驾驶营运车辆进行管理和控制的综合性信息处理系统。

3.1.11 误报率

危险驾驶检测事件中非危险驾驶事件被系统错误检测为危险驾驶事件的数量占检测事件总数量的百分比。

3.1.12 漏检率

危险驾驶检测事件中未发现的危险驾驶事件数量占检测事件总数量的百分比。

3.1.13 C-V2X 平台

利用可支持车辆与一切相关事物相连接的 4G/5G 等蜂窝网络通信技术，构建的支持车辆与路侧基础设施交互以满足道路交通安全、效率、服务类等需求的平台。

3.1.14 车路协同系统

由车载子系统、路侧子系统和中心子系统组成的，基于无线通信、传感探测等技术，通过车-路、车-车通信进行信息交互和共享，实现车辆和道路基础设施之间智能协同及车辆主动安全控制，实现优化利用系统资源、提高道路交通安全、缓解交通拥堵的道路交通系统。

3.1.15 先进驾驶辅助系统

ADAS 是 Advanced Driver Assistance Systems 的缩写，意为先进驾驶辅助系统。利用安装在车辆上的传感、通信、决策及执行等装置，实时检测驾驶员、车辆及其行驶环境，并通过信息和（或）运动控制等方式辅助驾驶员执行驾驶任务或主动避免/减轻碰撞危害的各类系统的总称。

3.1.16 自动驾驶系统

ADS 是 Automated Driving System 的缩写，意为自动驾驶系统，为 GB/T 40429—2021 规定的 3 级及以上驾驶自动化系统，是实现自动驾驶功能的硬件和软件所共同组成的系统。

3.1.17 动态驾驶任务

除策略性功能外的车辆驾驶所需的感知、决策和执行等行为，包括但不限于车辆横向运动控制、车辆纵向运动控制、目标和事件探测与响应、驾驶决策、车辆照明及信号装置控制。动态驾驶任务一般由驾驶员、驾驶自动化系统或由两者共同完成。

3.2 符　号

RICCD——车路协同系统智能路侧一体化协同控制设备；

RSU——路侧单元；

FCW——向前碰撞预警；

HUD——抬头显示；

AEB——自动紧急制动；

LKA——车道保持辅助；

ACC——自适应巡航控制；

DDT——动态驾驶任务。

4 监测内容

4.1 驾驶人员疲劳驾驶监测

包括驾驶人员身份识别、表情特征监测、疑似疲劳驾驶行为监测。

4.1.1 驾驶人员身份识别

可实现对驾驶人员身份特征的抓取、识别、存储、传递、配对和验证。

4.1.2 驾驶人员表情特征监测

可实时实现对驾驶人员眼部、口部等动作的采集、存储、分析和传递。

4.1.3 疑似疲劳驾驶行为监测

可实时实现对驾驶人员眨眼、闭眼、打哈欠等疑似疲劳驾驶事件及连续驾驶时长等数据的采集、存储、分析和传递。

4.1.4 疲劳驾驶数据监测

根据 4.1.1~4.1.3 实时监测数据，应实现疲劳驾驶状态的动态评估，参照附录 A.1 计算疲劳驾驶指数与预警级别并对数据存储、分析和传递。

4.2 分流区停车、逆行、鼻端变道监测

包括驾驶员分流区停车监测、逆行监测、鼻端变道监测。通过感知设备实时监测分流区车辆的行驶情况，对分流区连续变道、鼻端违停及逆行的车辆进行重点布控，并将预警信息发布至上游车辆处，确保驶出车辆安全进入匝道，提升主路车辆行驶效率，规避分流区因车辆交织导致的拥堵风险。

4.2.1 分流区停车监测

可实时实现对分流区停车车辆的采集、车辆信息识别、存取、分析和传递。

4.2.2 分流区逆行监测

可实时实现对分流区逆行车辆的采集、车辆信息识别、存取、分析和传递。

4.2.3 分流区鼻端变道监测

可实时实现对分流区鼻端变道车辆的采集、车辆信息识别、存取、分析和传递。

4.2.4 分流区停车、逆行、鼻端变道数据监测

根据 4.2.1~4.2.3 实时监测数据，应实现分流区停车、逆行、鼻端变道状态的动态评估，参照附录 A.2 计算分流区停车、逆行、鼻端变道指数与预警级别并对数据存储、分析和传递。

4.3 车辆危险跟驰和变道监测

危险跟驰表现为车辆跟驰过近。危险变道表现为强行变换车道，插入车辆。可实时实现对车辆危险跟驰和变道的采集、车辆信息识别、存取、分析和传递。参照附录 A.3

或 B 计算车辆危险跟驰和变道指数或风险，以及预警级别并对数据存储、分析和传递。

4.4 蛇形驾驶和频繁换道监测

蛇形驾驶表现为车辆行驶过程中左右摆动，呈现蛇形驾驶状态。频繁换道表现为车辆在相邻车道频繁变换、多车道连续换道。可实时实现对车辆蛇形驾驶和频繁换道的采集、车辆信息识别、存取、分析和传递。参照附录 B 计算车辆蛇形驾驶和频繁换道风险和预警级别并对数据存储、分析和传递。

4.5 速度不稳监测

速度不稳表现为车辆加减速频繁。可实时实现对车辆速度不稳的采集、车辆信息识别、存取、分析和传递。参照附录 B 计算车辆速度不稳风险和预警级别并对数据存储、分析和传递。

4.6 车道侵占监测

车道侵占表现为事故或堵塞等非紧急情况下占用公路应急车道停车、路肩行驶、违规掉头、行车轧车道分界线等。可实时实现对车辆车道侵占的采集、车辆信息识别、存取、分析和传递。参照附录B计算车辆车道侵占风险和预警级别并对数据存储、分析和传递。

5 识别要求

5.1 一般要求

5.1.1 应实现驾驶室内驾驶员身份的精准识别。

5.1.2 识别时针对驾驶员面部被遮挡至、驾驶员长时间不在监控范围内,进行主动预警。

5.1.3 驾驶员身份识别平均响应不超过 3 s。

5.1.4 驾驶员疲劳检测时应提高对不同驾驶员的嘴部、眼部大小检测时的泛化能力。

5.1.5 应实现不同场景下(如黑天、白天、面部遮挡等)驾驶员身份、驾驶员疲劳状态、驾驶员表情特征的准确识别。

5.1.6 应实现通过位置信息和像素信息两个维度的分析和判断，判定车辆是否在禁停区域。

5.1.7 应实现通过像素直方图的变化来判断车辆在禁停区域的停车时间，判断车辆是否属于违停。

5.1.8 应实现车辆变道的精准识别（获取车道和车辆信息，主要包括车道线的提取、感兴趣区域设置、车辆的检测和跟踪），最后判断车辆是否变道及变道的方向。

5.2 硬件要求

5.2.1 应准备像素不低于500万的摄像头。

5.2.2 应实现车内摄像头固定安装，可以抵抗车辆急刹、加速时的冲击力。

5.2.3 激光雷达应安装于车前灯下方两侧的位置。

5.2.4 应实现激光雷达于特殊应用场景下（雨天、泥泞道路、蜿蜒曲折的山路）的测距功能。

5.2.5 应实现激光雷达高效的数据采集过程（如场景的选择、激光雷达自身算法的优化）。

6 预警要求

6.1 一般要求

6.1.1 应实现监控平台及车载终端的危险驾驶行为预警。

6.1.2 驾驶员面部特征应可识别,车辆的属性(车辆颜色、车型、车牌号、危险驾驶行为等)可识别等。

6.2 功能要求

6.2.1 应设有驾驶员身份唯一性识别、视频监控、语音提醒、语音指令下发功能。

6.2.2 应实现对驾驶员眨眼、闭眼、打哈欠等疲劳驾驶行为识别功能。

6.2.3 应实现对车辆实时状态及危险驾驶监测数据、危险驾驶报警数据、驾驶员及车辆设备信息数据、指令下发数据等数据的存储、查询、分析及处理功能。

6.2.4 应实现危险驾驶行为识别（疲劳驾驶识别，分流区停车、逆行、鼻端变道识别，车辆危险跟驰、变道识别），危险驾驶行为级别区分、报警、数据存储及统计、图片视频保存以及回放功能。

6.2.5 应实现对危险驾驶行为主动报警、监控平台事件自动处理及平台数据记录功能。

6.2.6 应具有系统正常、系统故障的工作状态监测功能。

6.2.7 监控平台数据记录、图像存储时间应大于180天，运营车辆车载终端记录和保存的数据存储时间应大于10天。政府安全监管平台离线保存的报警多媒体数据存储时间应大于365天。

6.3 预警级别

6.3.1 驾驶人员疲劳驾驶预警级别按表 6.3.1-1 规定划分。

表 6.3.1-1 疲劳驾驶预警级别划分

预警级别	疲劳状态
Ⅰ	不疲劳
Ⅱ	轻度疲劳
Ⅲ	中度疲劳
Ⅳ	重度疲劳
Ⅴ	极度疲劳

6.3.2 分流区停车、逆行、鼻端变道预警级别按表 6.3.2-1 规定划分。

表 6.3.2-1 变道预警级别划分

预警级别	车辆分流区状态
Ⅰ	未停车、未逆行、鼻端未变道
Ⅱ	0 < 停车时间 ≤ 0.5 min
Ⅲ	0.5 min < 停车时间 ≤ 1 min
Ⅳ	1 min < 停车时间 ≤ 2 min/鼻端变道
Ⅴ	停车时间 > 2 min/逆行

6.3.3 车辆危险跟驰和变道预警级别按表6.3.3-1规定划分。

表 6.3.3-1 跟驰和变道预警级别划分

预警级别	车辆危险跟驰和变道状态
Ⅰ	大于2.0安全车距、未变道
Ⅱ	1.5安全车距＜跟驰距离≤2.0安全车距
Ⅲ	1.2安全车距＜跟驰距离≤1.5安全车距
Ⅳ	1.0安全车距＜跟驰距离≤1.2安全车距/危险变道
Ⅴ	跟驰距离＜1.0安全车距

6.4 预警系统要求

6.4.1 基本要求

6.4.1.1 预警级别为Ⅰ级的事件应实现系统自动处理并后台记录。

6.4.1.2 预警级别为Ⅱ级及Ⅱ级以上的危险驾驶事件应实现主动报警功能，并记录对该主动报警事件的处理信息，同时系统对处理方式及内容进行后台记录。

6.4.1.3 系统应主动跟踪预警级别为Ⅱ级及Ⅱ级以上

的危险驾驶事件并自动发布预警信息,直至预警级别降至Ⅰ级或者危险驾驶预警事件已处理为止。

6.4.1.4 主动报警处理窗口应包括车辆信息、车辆驾驶员基本信息、监控视频图片、报警类型、运行车速、车辆定位位置、处理方式等内容。

6.4.1.5 主动报警处理窗口处理方式应包括语音下发警告提醒、停车休息及其他引导应急处理等。

6.4.2 危险驾驶指数计算统计时段

6.4.2.1 疲劳驾驶指数计算统计时段为检测出驾驶员出现闭眼、打哈欠等疑似驾驶员疲劳驾驶事件为统计时段结束点向前统计,统计周期时长为 5 min。

6.4.2.2 分流区停车、逆行、鼻端变道驾驶指数计算统计时段为检测出车辆驶入分流区至车辆驶出分流区的时间。

6.4.2.3 车辆危险跟驰和变道驾驶指数计算统计时段为检测出车辆跟驰距离小于安全距离为统计时段结束点向前统计,统计周期时长为 1 min。

6.4.3　信息交互与扩展

监测与预警信息应实现实时与车辆经营者、监管平台、相关主管部门等系统的信息交互与扩展。

6.4.4　误报率

疲劳驾驶误报率应不高于5%。

6.4.5　漏检率

疲劳驾驶漏检率应不高于5%。

7 预警处理

7.1 级别Ⅰ预警

预警级别为Ⅰ级时,系统不进行预警操作并后台记录。

7.2 级别Ⅱ预警

预警级别为Ⅱ级时,系统应自动对驾驶员进行车载语音提醒,直至预警级别降至Ⅰ级或者疲劳驾驶预警事件已处理为止。系统应进行后台记录。

7.3 级别Ⅲ预警

7.3.1 预警级别为Ⅲ级时,系统应自动对驾驶员进行车载语音提醒,直至预警级别降至Ⅰ级或者危险驾驶预警事件已处理为止。系统应进行后台记录。

7.3.2 系统应记录预警日志及驾驶员的疲劳状态信息。监管人员在监管平台中进行远程调用视频/图像跟踪监视,确认是否进一步采取发送车载语音提醒信息、电话提醒、上报安全管理人员等预警操作。

7.4 级别Ⅳ预警

7.4.1 预警级别为Ⅳ级时,系统应自动对驾驶员进行车载语音提醒并适时发送驾驶员已经危险驾驶,请停车休息或注意跟车等类似语音提醒信息。系统应进行后台记录。

7.4.2 系统应记录预警日志及驾驶员的危险驾驶状态信息,并作为重点监测对象。监管人员在监管平台中应进行远程调用视频/图像跟踪监视,确认车辆是否继续行驶,如果车辆仍然继续行驶,可进一步采取发送车载语音提醒信息、电话提醒，上报安全管理人员、车队管理人员等预警操作。

7.5 级别Ⅴ预警

7.5.1 预警级别为Ⅴ级时，预警系统应自动对驾驶员进行车载语音提醒并适时发送驾驶员已经驾驶疲劳，请迅速立即停车休息；请注意跟车、请勿随意变道等类似信息。系统应进行后台记录。

7.5.2 预警系统应记录预警日志及驾驶员的疲劳状态信息，并作为重点监测对象。监管人员在监管平台中应进行远程调用视频/图像跟踪监视，确认车辆是否继续行驶，如果车辆仍然继续行驶，可进一步采取发送车载语音提醒信息、电话提醒，上报安全管理人员、车队管理人员、企业安全负责人，报警等操作，并预留应急处理准备。

7.6 特殊预警

出现设备损坏等导致监测失效情况时,平台监管人员在平台应进行远程调用视频/图像/定位跟踪监视车辆行驶状态,确认是否进一步采取电话提醒、车辆拦截及报警等预警操作。

# 8 车辆控制

8.1 车路协同系统

8.1.1 车路协同系统智能路侧一体化协同控制设备

车路协同系统智能路侧一体化协同控制设备(RICCD)主要由通信、计算、存储、安全、电源等模块构成,连接车载设备、路侧感知设备、交通控制设备、上级系统等,提供协同感知、交通控制、通信、时钟同步等功能,可支持公路和城市道路车路协同应用服务功能,实现逻辑功能一体化。RICCD在车路协同系统中与相关实体的连接关系如图8.1.1-1所示,RICCD架构如图8.1.1-2所示。

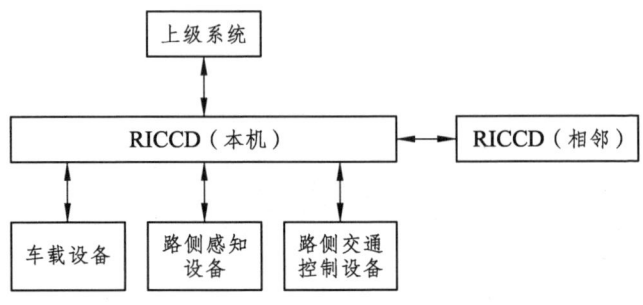

图 8.1.1-1 RICCD 相关实体连接关系

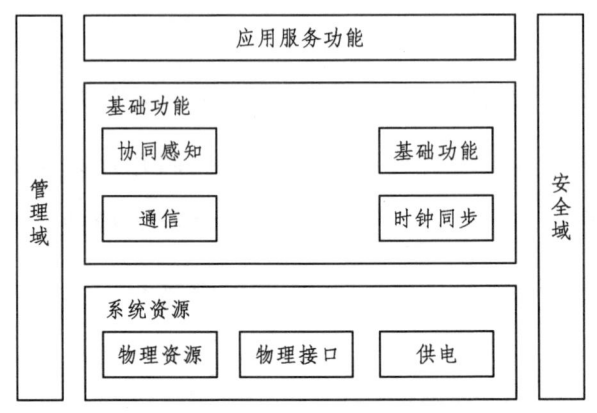

图 8.1.1-2 RICCD 架构

8.1.1.1 上级系统：通常指交通服务平台（支持各交通要素相关信息接入，实施交通运行的监测、预测和预警，并进行交通运行管理，提供交通信息服务，开展运输方式调度协调，提供交通行政管理和应急处置信息保障的平台），具备与 RICCD 数据的交互功能,获取并处理 RICCD

上传的交通状态感知信息和交通事件信息，并具备对RICCD的管理、控制和服务功能，支持宏观大范围的交通运行和策略控制的实体。

8.1.1.2 路侧感知设备：具备向RICCD上传原始感知数据或结果数据的功能，采集并识别交通流量、交通参与者、交通事件、气象环境等数据，并发送至RICCD的实体。

8.1.1.3 路侧交通控制设备：具备接受一体化RICCD控制的功能，接收并执行RICCD下发的道路封闭、限速、路径规划、行车安全诱导等指令的实体。

8.1.1.4 车载设备：具备与RICCD数据交互功能，上传车辆自身状态和位置信息，获取交通服务信息，并可实现限速预警、碰撞预警等车路协同应用服务功能。

8.1.1.5 RICCD（相邻）：与RICCD（本机）处于相关位置，可与其进行通信并交互交通感知和交通事件数据。

8.1.1.6 系统资源：包括设备计算存储等物理资源、接口资源以及供电资源等。

8.1.1.7 基础功能：包括协同感知、交通控制、通信以及时钟同步功能。

8.1.1.8 应用服务功能：包括本地决策应用服务以及

与上级系统交互实现的协同应用服务。

8.1.1.9 管理域：包括系统管理、配置管理、故障管理、性能监测、日志管理、用户管理。

8.1.1.10 安全域：包括访问控制、数据存储、应用安全。

8.1.2 车路协同路侧设施设置

8.1.2.1 车路协同路侧设施设置应遵循科学、安全、精准、环保的原则。

8.1.2.2 在满足本标准的规定外，应符合国家、行业颁布的现行相关标准、规范的规定。

8.1.2.3 路侧设施由路侧单元、边缘计算单元、视频检测设备、毫米波雷达、激光雷达、交通管控设备、交通标志、交通护栏、照明设备、环境监测设备、差分基站、网络组成。车路协同路侧设施由C-V2X平台统一管理，其组成如图8.1.2-1所示。

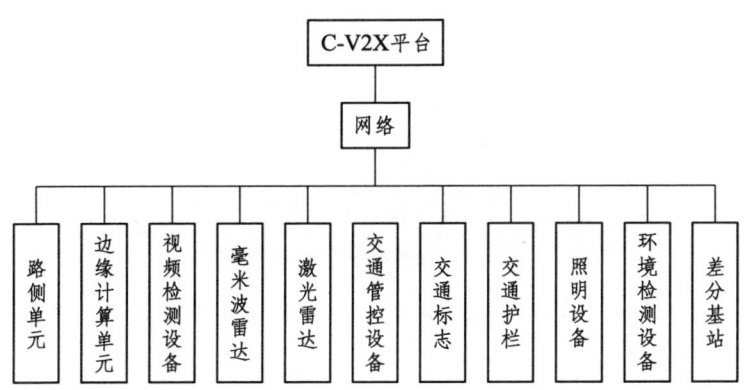

图 8.1.2-1 路侧设施与 C-V2X 平台组成示意图

8.1.2.4 车路协同路侧设施在高速公路典型场景的设置方式如图 8.1.2-2～图 8.1.2-5 所示。

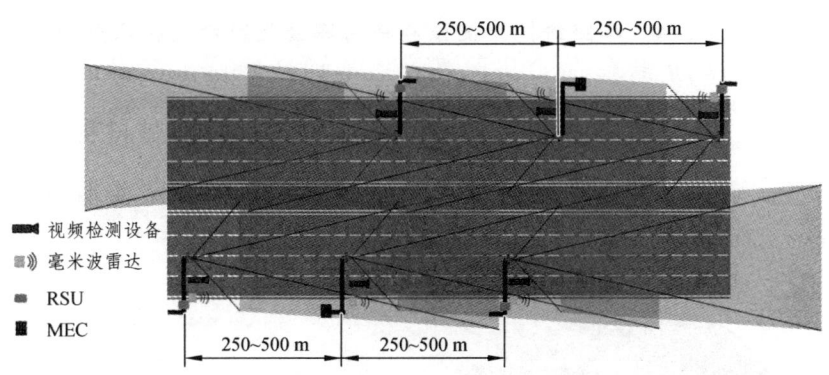

图 8.1.2-2 车路协同路侧设施在高速公路常规路段示意图

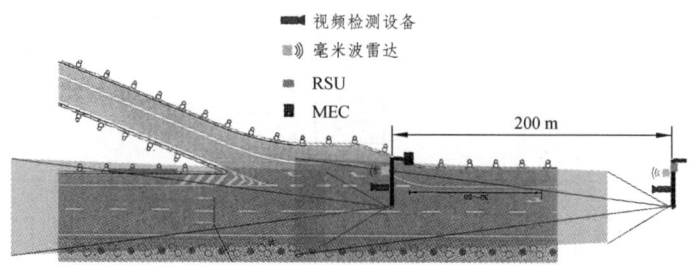

图 8.1.2-3　车路协同路侧设施在高速公互通分流区示意图

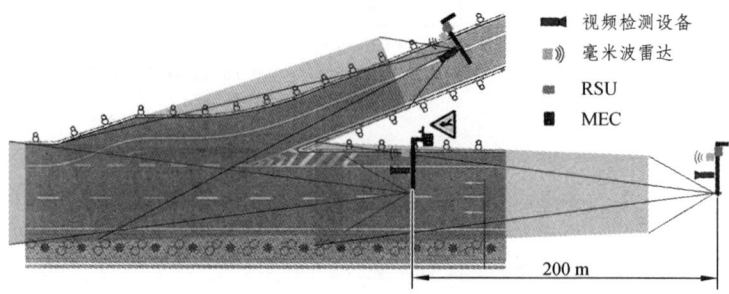

图 8.1.2-4　车路协同路侧设施在高速公互通合流区示意图

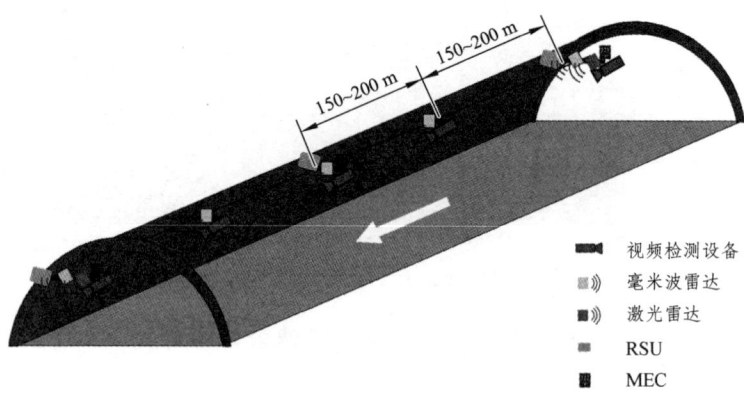

图 8.1.2-5　车路协同路侧设施在高速公路隧道路段示意图

8.1.2.5 路侧单元

1 RSU 设置地点一般应具有良好的有线、4G/5G 蜂窝网络信号，与道路运行车辆之间视距无遮挡。

2 RSU 优先设置于匝道、桥梁、边坡、服务区、隧道、收费站等，固定于龙门架或立杆横臂上，位置靠近车道中间，设置垂直高度不低于 5 m。

3 隧道处，RSU 一般设置于隧道出入口处，距离隧道出入口约 10~15 m 左右，高度不应高于洞口，横向靠近隧道口中间。要求设置位置处能够无遮挡接收卫星定位授时信号；对于长度在 700 m 以下且视距直通的隧道，RSU 仅在隧道入口处设置，否则需在出入口处同时设置，确保隧道内无盲区覆盖。

4 RSU 设置间距不低于 400 m，复杂路况可加密设置。

5 RSU 宜支持 PoE 供电方式。在不具备 PoE 供电条件时，支持通过交流电源适配器供电。

6 RSU 应具有良好的防雷接地措施。

8.1.2.6 边缘计算单元

1 边缘计算单元分为基于嵌入式架构的轻量型和基

于x86架构的重量型两种形态。

2 轻量型一般体积较小、重量较轻、功耗较低，适合于路侧设置，市区服务范围宜在单个路口范围内，公路服务范围一般在半径2 km内。

3 重量型一般体积较大、重量较重、功耗较高，适合于室内设置，市区服务范围宜在半径1~5 km，公路服务范围宜在半径2~10 km。如不具备室内设置条件，也可设置于室外路侧固定机箱内。

4 轻量型边缘计算单元，应尽可能靠近RSU和感知设备等设置，可设置于抱杆机箱内，宜具备安全防盗措施。

5 重量型边缘计算单元可设置于蜂窝基站机房、高速监控中心、收费站、服务区等室内环境。可与运营商提供的边缘计算平台进行多层次融合。

6 边缘计算单元采用电源适配器接入工频交流电源供电，条件允许时宜配备UPS不间断电源。

7 边缘计算单元部署于路侧时，应具有良好的防雷接地措施。

8.1.2.7 视频检测设备

1 视频检测设备应设置在不低于5.5 m的横臂上。

2 视频检测设备设置环境周围无视线遮挡。

3 单个视频检测设备宜覆盖 2~4 车道。

4 单个视频检测设备的覆盖距离为 150~250 m。

8.1.2.8 毫米波雷达

1 毫米波雷达可选择正装或侧装两种方式。

2 单台毫米波雷达覆盖检测范围不低于 250 m。

3 正装方式，单台毫米波雷达宜能够覆盖 8 个车道。

4 侧装方式，单台毫米波雷达宜能够覆盖 4 个车道。

5 在交通流量大、事故发生率高的路段宜不高于 0.5 km 间距设置；在交通流量小、事故发生率低的路段宜不高于 1 km 间距设置。

8.1.2.9 激光雷达

1 激光雷达可选择正装或侧装两种方式，安装垂直高度不低于 4 m。

2 单台激光雷达覆盖检测有效范围不低于 250 m。

3 单台激光雷达应能够覆盖 4~8 个车道。

4 在交通流量大、事故发生率高的路段不低于 0.5 km 间距设置；在交通流量小、事故发生率低的路段不低于 1 km 间距设置。

8.1.2.10 交通管控设备

交通管控设备包括信号灯、车道指示器、可变信息板等。应按 GB 25280—2016、GA/T 489—2016 和 GA/T 1743—2020 的相关规定执行。

8.1.2.11 交通标志

交通标志设置应按 GB 5768 和 GA/T 484 的相关规定执行。

8.1.2.12 交通护栏

交通护栏设置应按 JTG D81—2017 的相关规定执行。

8.1.2.13 照明设备

1 照明设备设置技术要求应按 GB/T24969、JTG D70/2、JTG/TD70/2—01、JTG D80 中技术要求执行。

2 照明设备设置照明等级应按 GB/T 24969 中公路照明等级一级的技术要求执行。

3 照明设备设置设计规范应按 JTG D80、JTG D70/2 中供配电设施的设计规范执行。

8.1.2.14 环境监测设备

1 环境监测设备设置应按 GB/T33697 中规定的环境监测设备相关规定执行。

2 设置应能够反映道路全线气象状况，恶劣气象路段应加密设置，宜根据道路沿线气象状况合理选择检测单项设备。

8.1.2.15 差分基站

1 应设置于视野开阔地带，无高大建筑物或高山阻挡，远离水体、海滩、易积水地带。

2 相邻基站布置间距 5~10 km。

3 应具有不小于 10°的地平高度角卫星信号。

4 应远离电磁干扰区域，如微波站、变电站、高压线、电视台等。

5 应避开容易产生震动的地点。

6 应避开地质构造不稳定区域。

7 应接入公共网络或者专用网络。

8.1.2.16 网络

1 基站宜呈蜂窝状布设，有效信号覆盖范围为不低于 150 m。

2 微站宜布设于蜂窝状的大站中间，起到补盲的作用。

3 现场侧的感知、计算设备之间宜通过有线的方式连接。

4 现场侧的设备所用的立杆处宜预布设好光纤。

5 现场侧设备宜通过光纤/4G/5G网络的形式与云端/后台连接。

8.1.3 车路协同系统应用服务功能

8.1.3.1 高速公路场景应用服务功能满足下列要求：

1 应支持超视距协同感知。通过与上下游 RICCD 及多路侧感知设备连接，实现远超车辆电子感知范围或驾驶人视觉感知距离的拓展，实现长距离识别交通事件。

2 应支持协作式车辆汇入。通过本地计算与决策，生成并发送车辆引导信息，协调匝道汇入主线车道的车辆。支持汇入车辆选择合理的汇入位置及汇入速度，减少汇入车辆对主路车流的影响，提升入口匝道处行车安全及通行效率。

3 应支持协作式分流区预警。实时监测分流区车辆的行驶状态，分析识别分流区车辆连续变道、鼻端违停及逆行等交通事件，生成并发布预警信息，支持上游车辆选择合理的位置及车速驶入匝道，提升主路车辆行驶效率，规避分流区因车辆异常行驶导致的交通风险。

4 应支持隧道协同感知与协同控制。实时监测隧道出入口及内部车辆行驶状态，以及隧道内交通流状态、交通事件信息，并实时发送至车辆，辅助车辆进行决策，提升隧道内车辆行驶安全。在火灾、有害气体泄漏等紧急情况发生时，通过控制隧道入口处信号灯、可变情报板等设施，发布关闭隧道入口信息。

5 应支持长下坡预警。实时监测长下坡路段车辆的行驶速度，识别超速车辆、低速车辆等交通事件，生成并发布预警信息，支持上游车辆合理控制车速，避免交通事故。

6 应支持恶劣气象预警。支持气象传感器及路面状态检测等感知设备接入，实时监测团雾等异常天气以及结冰、积水等异常道路环境。

7 应支持道路施工区预警。RICCD向上游来车发送施工区域预警信息，提示前方进入施工区域，注意安全。

8 宜支持编队行驶。头车处于人工驾驶或自动驾驶模式，并带领后方若干自动驾驶车辆组成编队，实现队列定速巡航行驶。

9 应支持特定路段限行预警。通过路侧感知设备或车路通信,检测到危险品运输车辆、超限车辆等前方路段限制通行车辆时,RICCD提示驾驶员,前方特定区域限制通行。

10 应支持紧急车辆提醒预警。通过路侧感知设备或车路通信,检测到消防车、救护车、警车等紧急车辆时,RICCD提醒前方车辆驾驶员,对紧急车辆让行。

11 应支持路网运行状态提醒。当前方出现交通拥堵、交通事件、恶劣气象等影响交通通行的因素,RICCD可根据上级系统指令,向车辆发出诱导或路径分流指示,提醒驾驶员可驶离本路段。

12 应用于具有ETC-RSU设备的场景时,宜支持ETC车辆数据接入并上传至上级系统,以支持收费稽核、路径还原等应用。

13 应支持车辆行驶轨迹识别。在公路出入口以及路网中的适当节点等位置,支持路侧感知设备或车载设备接入,能识别过往车辆的车牌或车载设备标识,并按照所需频率获取车辆位置,记录位置刷新时间等信息,上传上级系统支持生成车辆的行驶轨迹。

8.2 先进驾驶辅助系统 ADAS

8.2.1 ADAS 分类

ADAS 系统包含自适应巡航（ACC）、自动紧急制动（AEB）、交通标志识别（TSR/TSI）、盲点检测（BSD/BLIS）、变道辅助（LCA/LCMA）、车道偏离预警（LDW）等不同的辅助驾驶技术，从对驾驶人辅助的方式角度，ADAS 系统可以分为信息辅助驾驶系统和控制辅助驾驶系统两个部分。《道路车辆 先进驾驶辅助系统(ADAS)术语及定义》GB/T 39263-2020 中给出了 FCW、BSD、HMW、HUD 等信息辅助类术语 21 项，AEB、ACC、LKA 等控制辅助类术语 15 项。

8.2.2 信息辅助驾驶系统

在信息辅助驾驶系统中，车辆识别是一个先决条件，通常使用后视摄像头、前视摄像头、雷达等传感器来实现。

1 后视摄像头

后视摄像头系统有助于驾驶人找到车后的物体或人，

从而确保安全地倒车、停车动作。摄像头通过非屏蔽双绞线实现高速以太网连接和视频压缩，在本地分析视频内容，以便进行物体和行人检测，并支持全面的本地图像处理和图形覆盖创建，以此来测量物体距离并触发制动干预。

2 前视摄像头

先进驾驶辅助系统中的摄像头系统可以分析视频内容，以提供车道偏离警告（LDW）、自动车道保持辅助（LKA）、远光/近光控制和交通标志识别（TSR）等功能。前视摄像头能够监控图像信息，如前面物体的大小和形状。主要用于监控其他道路使用者、交通信号和道路标志。

3 传感器

在 ADAS 系统中，使用了大量的传感器，这些传感器主要包括短程、中程、远程监测传感器等。工作频率为 40 kHz 的短程超声波雷达传感器，主要用于停车辅助功能。77 GHz 毫米波雷达传感器，支持自适应巡航控制、碰撞保护和碰撞警告系统，可以检测和跟踪目标，根据前方交通状况自动调整车速，控制与前车的距离，在即将发生碰撞的情况下提醒驾驶人，并启动紧急制动干预。ADAS 信息辅助类驾驶系统的主要功能如表 8.2.2-1 所示。

表 8.2.2-1 ADAS 信息辅助类驾驶系统的主要功能

序号	主要功能	英文	功能相关介绍
1	驾驶员疲劳监测	DFM (Driver Fatigue Monitoring)	实时监测驾驶员状态并在确认其疲劳时发出提示信息
2	驾驶员注意力监测	DAM (Driver Attention Monitoring)	实时监测驾驶员状态并在确认其注意力分散时发出提示信息
3	交通标志识别	TSR (Traffic Signs Recognition)	自动识别车辆行驶路段的交通标志并发出提示信息
4	智能限速提示	ISLI (Intelligent Speed Limit in formation)	自动获取车辆当前条件下所应遵守的限速信息并实时监测车辆行驶速度，当车辆行驶速度不符合或即将超出限速范围的情况下适时发出提示信息
5	弯道速度预警	CSW (Curve Speed Warning)	对车辆状态和前方弯道进行监测，当行驶速度超过弯道的安全通行车速时发出警告信息
6	抬头显示	HUD (Head-up Display)	将信息显示在驾驶员正常驾驶时的视野范围内，使驾驶员不必低头就可以看到相应的信息
7	全景影像监测	AVM (Around View Monitoring)	向驾驶员提供车辆周围360°范围内环境的实时影像信息
8	夜视	NV (Night Vision)	在夜间或其他弱光行驶环境中为驾驶员提供视觉辅助或警告信息
9	前向车距监测	FDM (Forward Distance Monitoring)	实时监测本车与前方车辆车距，并以空间或时间距离等方式显示车距信息

续表

序号	主要功能	英文	功能相关介绍
10	前向碰撞预警	FCW (Forward Collision Warning)	实时监测车辆前方行驶环境，并在可能发生前向碰撞危险时发出警告信息
11	后向碰撞预警	RCW (Rear Collision Warning)	实时监测车辆后方环境，并在可能受到后方碰撞危险时发出警告信息
12	车道偏离预警	LDW (Lane Departure Warning)	实时监测车辆在本车道的行驶状态，并在出现或即将出现非驾驶意愿的车道偏离时发出警告信息
13	变道碰撞预警	LCW (Lane Changing Warning)	在车辆变道过程中，实时监测相邻车道，并在车辆侧方和/或侧后方出现可能与本车发生碰撞危险的其他道路使用者时发出警告信息
14	盲区监测	BSD (Blind Spot Detection)	实时监测驾驶员视野盲区，并在其盲区内出现其他道路使用者时发出提示或警告信息
15	侧面盲区监测	SBSD (Side Blind Spot Detection)	实时监测驾驶员视野的侧方及侧后方盲区，并在其盲区内出现其他道路使用者时发出提示或警告信息
16	转向盲区监测	STBSD (Steering Blind Spot Detection)	在车辆转向过程中，实时监测驾驶员转向盲区，并在其盲区内出现其他道路使用者时发出警告信息
17	后方交通穿行提示	RCTA (Rear Cross Traffic Alert)	在车辆倒车时，实时监测车辆后部横向接近的其他道路使用者，并在可能发生碰撞危险时发出警告信息
18	前方交通穿行提示	FCTA (Front Cross Traffic Alert)	在车辆低速前进时，实时监测车辆前部横向接近的其他道路使用者，并在可能发生碰撞危险时发出警告信息

续表

序号	主要功能	英文	功能相关介绍
19	车门开启预警	DOW (Door Open Warning)	在停车状态即将开启车门时，监测车辆侧方及侧后方的其他道路使用者，并在可能因车门开启而发生碰撞危险时发出警告信息
20	倒车辅助	RCA (Reversing Condition Assist)	在车辆倒车时，实时监测车辆后方环境，并为驾驶员提供影像或警告信息
21	低速行车辅助	MALSO (Maneuvering Aid for Low-speed Operation)	在车辆低速行驶时，探测其周围障碍物，并当车辆靠近障碍物时为驾驶员提供影像或警告信息

8.2.3 控制类辅助驾驶系统

控制类辅助驾驶系统主要由 BDS 和 CCD 摄像头检测模块、通信模块和控制模块组成。其中，BDS 和 CCD 摄像头检测模块通过 BDS 接收机接收 BDS 卫星信号，获取车辆的经纬度坐标、速度、时间等信息，并利用安装在车辆前后的 CCD 摄像头实时观察道路两侧的情况。通信模块可以在相互靠近的车辆之间实时传输检测到的相关信息和驾驶信息，控制模块可以在发生事故时主动控制，从而避免事故发生。

1　BDS模块和CCD摄像头检测模块

在汽车行驶过程中，因为在汽车前风窗有一个盲点，驾驶人在转弯时会产生一个视距盲区。为了减少视距盲区，驾驶辅助系统利用BDS和CCD摄像头检测模块获取车辆的驾驶数据，包括车辆的位置和速度、接近距离等。为了反映车辆之间的距离信息，将地理信息系统（GIS）中的道路信息集成到BDS定位数据系统中，形成一个融合的BDS信息系统。安装在汽车侧面的摄像头是"盲区探测器"，用于实时观察道路两侧的情况。前摄像头可以检测转弯后的路况，判断是否有车辆接近。后摄像头可以看到后车的行驶情况，判断车辆是否影响本车的转弯和超车等。

2　通信模块

驾驶辅助系统依靠车辆之间的状态信息进行相互通信和监控驾驶状态，从而保护驾驶安全，包括调整驾驶状态和避免恶性碰撞。目前，传统的驾驶辅助系统可以向驾驶人发出危险情况的警告，但不能自行制定预防措施，而利用通信手段可以弥补这一缺陷。使用即时网络通信传输的信息主要有两种：

① BDS 和 CCD 摄像头获取的状态信息以及车辆位置、行驶速度、制动力矩等传感信息，这些状态信息每秒大约传输 5~50 次。

② 危险情况警告信息。与定期发送的信息不同，这些警告信息可能来自通信范围内的通信车辆。由于节点距离较远，因此需要多跳传输，只有在发生危险情况时才会发送此信息。

3 控制模块

车辆控制模块是车辆控制的核心，控制器根据输入信号判断车辆的当前状态，经过一定的控制逻辑和控制算法，确定各子系统当前控制信号的大小。车辆控制模块根据驾驶人的制动踏板和当前车速计算所需的机械制动力矩值，以获得机械制动系统的制动指令等，这些控制作用提高了驾驶辅助系统的可靠与安全。整车控制模块（VCU）通过 CAN 总线对网络信息进行管理、调度、分析和运算，实现整车优化控制和网络管理等功能。

ADAS 控制类辅助驾驶系统主要功能如表 8.2.3-1 所示。

表 8.2.3-1 ADAS 控制类辅助驾驶系统主要功能

序号	主要功能	英文	功能相关介绍
1	自动紧急制动	AEB (Advanced/Automatic Emergency Braking)	实时监测车辆前方行驶环境,并在可能发生碰撞危险时自动启动车辆制动系统使车辆减速,以避免碰撞或减轻碰撞后果
2	紧急制动辅助	EBA (Emergency Braking Assist)	实时监测车辆前方行驶环境,在可能发生碰撞危险时提前采取措施以减少制动响应时间并在驾驶员采取制动操作时辅助增加制动压力,以避免碰撞或减轻碰撞后果
3	自动紧急转向	AES (Automatic Emergency Steering)	实时监测车辆前方、侧方及侧后方行驶环境,在可能发生碰撞危险时自动控制车辆转向,以避免碰撞或减轻碰撞后果
4	紧急转向辅助	ESA (Emergency Steering Assist)	实时监测车辆前方、侧方及侧后方行驶环境,在可能发生碰撞危险且驾驶员有明确的转向意图时辅助驾驶员进行转向操作
5	智能限速控制	ISLC (Intelligent Speed Limit Control)	自动获取车辆当前条件下所应遵守的限速信息,实时监测并辅助控制车辆行驶速度,以使其保持在限速范围之内
6	车道保持辅助	LKA (Lane Keeping Assist)	实时监测车辆与车道边线的相对位置,持续或在必要情况下控制车辆横向运动,使车辆保持在原车道内行驶

续表

序号	主要功能	英文	功能相关介绍
7	车道居中控制	LCC (Lane Centering Control)	实时监测车辆与车道边线的相对位置,持续自动控制车辆横向运动,使车辆始终在车道中央区域行驶
8	车道偏离抑制	LDP (Lane Departure Prevention)	实时监测车辆与车道边线的相对位置,在车辆将发生车道偏离时控制车辆横向运动,辅助驾驶员将车辆保持在原车道内行驶
9	智能泊车辅助	IPA (Intelligent Parking Assist)	在车辆泊车时,自动检测泊车空间并为驾驶员提供泊车指示和/或方向控制等辅助功能
10	自适应巡航控制	ACC (Adaptive Cruise Control)	实时监测车辆前方行驶环境,在设定的速度范围内自动调整行驶速度,以适应前方车辆和/或道路条件等引起的驾驶环境变化
11	全速自适应巡航控制	FSRA (Full Speed Range Adaptive Cruise Control)	实时监测车辆前方行驶环境,在设定的速度范围内自动调整行驶速度并具有减速至停止及从停止状态自动起步的功能,以适应前方车辆和/或道路条件等引起的驾驶环境变化
12	交通拥堵辅助	TJA (Traffic Jam Assist)	在车辆低速通过交通拥堵路段时,实时监测车辆前方及相邻车道行驶环境,并自动对车辆进行横向和纵向控制,其中部分功能的使用需经过驾驶员的确认

49

续表

序号	主要功能	英文	功能相关介绍
13	加速踏板防误踩	MAP (Anti-maloperation for Accelerator Pedal)	在车辆起步或低速行驶时,因驾驶员误踩加速踏板产生紧急加速而可能与周边障碍物发生碰撞时,自动抑制车辆加速
14	自适应远光灯	ADB (Adaptive Driving Beam)	能够自动调整投射范围以减少对前方或对向其他车辆驾驶员炫目干扰的远光灯
15	自适应前照灯	AFL (Adaptive Front Light)	能够自动进行近光／远光切换或投射范围控制,从而为适应车辆各种使用环境提供不同类型光束的前照灯

8.3 自动驾驶系统 ADS

8.3.1 ADS 应仅允许在其设计运行条件下被激活。

8.3.2 ADS 应及时响应用户的有效操作,若用户的操作将导致紧迫的碰撞风险,ADS 可根据车辆制造商声明的方式暂缓响应用户的操作。若 ADS 具备暂缓响应功能,应具有明确的暂缓响应的条件。

8.3.3 ADS应采取适当的控制策略处理可合理预见的用户误用。

8.3.4 ADS应持续执行自检，以检测ADS的失效并确认系统可执行全部DDT。

8.3.5 ADS在激活状态下，应执行全部DDT，且不应造成不合理的安全风险。

8.3.6 ADS在激活状态下，执行DDT应符合道路交通规定。

8.3.7 ADS在激活状态下，执行DDT应符合其他道路使用者的预期。

8.3.8 ADS在激活状态下，应确认支持驾驶员恢复人工驾驶所需的装置或系统处于适当状态。

8.3.9 ADS在激活状态下，针对可合理预见且可预防的场景，应避免导致碰撞事故。

8.3.10 ADS在激活状态下，当碰撞事故不可避免时，ADS应采取合理控制策略降低事故伤害或损失。

8.3.11 ADS在激活状态下，当ADS检测到车辆发生碰撞事故后，除车辆制造商声明的情况外，应使车辆静止，且至少应通过车辆制造商声明的方式进行安全检测，才允许再次被激活。

8.3.12 ADS在激活状态下，当设计运行条件即将不满足或已经不满足时，ADS应执行合理的控制策略。

8.3.13 ADS在激活状态下，ADS应与其他道路使用者进行有效的信息交互。

8.3.14 ADS在激活状态下，ADS应避免扰乱正常的交通流而导致整体通行效率下降。

8.3.15 ADS应具备充分的OEDR能力，支持其安全且合理地执行全部DDT。

8.3.16 ADS应能探测目标的位置以及动态目标的移动速度。

8.3.17 ADS应合理规划和控制车辆行驶路径与行驶速度，以适应道路、道路设施、目标物、天气环境、数字信息环境等。

8.3.18 ADS应避免与车辆前方无遮挡的行人发生碰撞，若因行人行为导致无法避免碰撞，ADS应尽可能减缓碰撞。

8.3.19 ADS应控制车辆与其他道路使用者保持足够的安全距离，若其他道路使用者的行为导致当前距离无法满足安全距离要求，则应执行适当的控制策略以降低安全风险，在后续合适时机调整保持安全距离。

8.3.20 对于需要驾驶员执行接管的ADS，应具备驾驶员接管能力监测系统。

8.3.21 驾驶员接管能力监测系统至少应具备在位监测和执行DDT能力监测。

8.3.22 对于需要驾驶员执行接管的ADS，应具备安全、可靠、有效的接管策略，并应能够检测驾驶员是否执行接管操作。

8.3.23 ADS应配备供用户激活和退出ADS的专用操纵方式，该方式应防止用户可合理预见的误用。

8.3.24 ADS应具备安全、可靠、有效的干预策略，并应能检测驾驶员是否执行干预操作。

1 横向控制干预

当驾驶员对转向控制的干预超过车辆制造商声明的为防止误用而设计的合理阈值时，且确认驾驶员专注于DDT，ADS应执行驾驶员输入的横向控制。

2 纵向控制干预

1）当驾驶员对制动控制的干预产生比ADS引起的减速度更大，或通过任何制动系统使车辆保持静止时，ADS应执行驾驶员输入的制动控制。

2）对于需要驾驶员执行接管的ADS，当驾驶员对制动或加速控制的干预超过为防止误用而设计的合理阈值时，ADS应发出介入请求或执行MRM。

3）对于不需要驾驶员执行接管的 ADS，当驾驶员对制动或加速控制的干预超过为防止误用而设计的合理阈值时，ADS 应具备合理的控制策略。

3　干预抑制

若驾驶员的干预将导致紧迫的碰撞风险，ADS 可根据车辆制造商声明的方式减弱或抑制驾驶员的干预对任何控制的影响。

4　其他干预策略

1）在发生车辆严重失效或 ADS 严重失效的情况下，ADS 可采用车辆制造商声明的其他安全干预策略。

2）若驾驶员操纵车辆其他干预装置，ADS 应对驾驶员进行提示，并按照车辆制造商声明的控制策略执行。

8.3.26　ADS 应持续向用户提示明确、充分的 ADS 状态信息，不应对用户造成干扰。当 ADS 状态发生变化时，ADS 应及时向用户提供必要的提示信息。

附录 A 危险驾驶指数
（资料性）

A.1 疲劳驾驶指数与预警级别

A.1.1 疲劳驾驶行为判断

A.1.1.1 疲劳闭眼判断

眼睛闭合达到 80% 或以上且持续时长达到 3s，判断为疲劳闭眼一次。

A.1.1.2 疲劳哈欠判断

连续检测 5 次，5 次检测中上下嘴唇高度差与左右嘴角宽度差之比均大于 0.5 且持续时长达到 0.5s 以上，视为哈欠有效检测一次。

A.1.2 疲劳驾驶行为权值赋值

依据疲劳闭眼和疲劳哈欠行为次数、时长等按照表 A.1-1 赋予相应的权值。

表 A.1-1 疲劳驾驶行为权值表

闭眼次数	权值($X1$)	哈欠次数	权值($Y1$)	单次闭眼时长	权值($Z1$)
1	2	1	1	<5s	0
2	4	2	2	≥5s；<8s	16
3	8	3	4	≥8s	15
4	16	4	8	—	—
≥5	32	≥5	16	—	—

注：为计算方便，疲劳闭眼次数权值用 $X1$ 表示；疲劳哈欠次数权值用 $Y1$ 表示；单次闭眼时长权值用 $Z1$ 表示。

A.1.3 疲劳驾驶指数计算

系统监测每 5 min 统计时段内统计闭眼及哈欠出现次数等，并依据表 A.1-1 赋予的权值，按照式（A.1-1）计算疲劳驾驶指数。

$$J1 = X1 + Y1 + Z1 \quad (A.1\text{-}1)$$

式中：$J1$——疲劳驾驶指数；

$X1$——5 min 内闭眼次数权值；

$Y1$——5 min 内哈欠次数权值；

$Z1$——5 min 内单次闭眼时长权值。

A.1.4 预警级别对应

A.1.4.1 一般规定

依据公式（A.1-1）计算的疲劳驾驶指数，按表 A.1-2 规定进行预警级别对应。

表 A.1-2 疲劳驾驶指数与预警级别对应表

疲劳驾驶指数（$J1$）	预警级别
0～3	Ⅰ
4～7	Ⅱ
8～16	Ⅲ
17～31	Ⅳ
≥32	Ⅴ

A.1.4.2 特殊规定

单个驾驶员连续驾驶时长与疲劳驾驶预警级别对应见表 A.1-3，24 h 内单个驾驶员累计驾驶时长与疲劳预警级别对应见表 A.1-4。

表 A.1-3 单个驾驶员连续驾驶时长与预警级别对应表

单个驾驶员连续驾驶时长	预警级别
—	Ⅰ
—	Ⅱ
—	Ⅲ
日间，≥3.5 h，≤4 h	Ⅳ
日间，≥4 h；夜间，≥2 h	Ⅴ

表 A.1-4 24 h 单个驾驶员累计驾驶时长与预警级别对应表

单个驾驶员连续驾驶时长	预警级别
—	Ⅰ
—	Ⅱ
—	Ⅲ
≥6 h，≤8 h	Ⅳ
≥8 h	Ⅴ

A.2 分流区停车、逆行、鼻端变道指数与预警级别

A.2.1 分流区停车、逆行、鼻端变道驾驶行为判断

A.2.1.1 分流区停车判断

车辆停留在分流区的时间长短来判断危险程度。

A.2.1.2　分流区逆行判断

车辆在分流区逆行的次数来判断危险程度。

A.2.1.3　分流区鼻端变道判断

车辆在分流鼻端变道的次数来判断危险程度。

A.2.2　分流区危险驾驶行为权值赋值

依据分流区停车时间、逆行次数、鼻端变道次数等按照表 A.2-1 赋予相应的权值。

表 A.2-1　分流区危险驾驶行为权值表

停车时间/min	权值（$X2$）	逆行次数	权值（$Y2$）	鼻端变道次数	权值（$Z2$）
0	0	1	4	1	4
0~0.5	4	2	8	2	8
0.5~1	8	3	16	3	16
1~2	16	4	—	4	—
≥2	32	≥5	—	≥5	—

注：为计算方便，停车时间权值用 $X2$ 表示；逆行次数权值用 $Y2$ 表示；鼻端变道次数权值用 $Z2$ 表示。

A.2.3　驾驶指数计算

根据系统检测的数据并依据表 A.2-1 赋予的权值，按照式（A.2-1）计算危险驾驶指数。

$$J2 = X2 + Y2 + Z2 \quad (\text{A.2-1})$$

式中：$J2$——分流区危险驾驶指数；

$X2$——停车时间权值；

$Y2$——逆行次数权值；

$Z2$——鼻端变道次数权值。

A.2.4 预警级别对应

依据公式（A.2-1）计算的分流区危险驾驶指数，按表A.2-2规定进行预警级别对应。

表 A.2-2 分流区危险驾驶指数与预警级别对应表

危险驾驶指数（J）	预警级别
0~3	Ⅰ
4~7	Ⅱ
8~16	Ⅲ
17~31	Ⅳ
≥32	Ⅴ

A.3 危险跟驰和变道指数与预警级别

危险跟驰和变道指数与预警级别确定方法包括驾驶行为权值法、风险度量法等。驾驶行为权值法参照附录 A.3.1 计算，风险度量法参照附录 A.3.2 计算。

A.3.1 驾驶行为权值法

A.3.1.1 危险跟驰和变道驾驶行为判断

A.3.1.1.1 危险跟驰判断

车辆跟驰车距与安全车距之比来判断危险程度。

A.3.1.1.2 危险变道判断

车辆在不具备变道情况下的变道次数来判断危险程度。

A.3.1.2 危险跟驰和变道驾驶行为权值赋值

依据跟驰车距与安全车距之比、危险变道次数等，按照表 A.3-1 赋予相应的权值。

表 A.3-1 危险跟驰和变道驾驶行为权值表

跟驰车距与安全车距之比	权值($X3$)	危险变道次数	权值($Y3$)
≥2.0	0	1	4
1.5~2.0	4	2	8
1.2~1.5	8	3	16
1.0~1.2	16	4	—
<1.0	32	≥5	—

注：为计算方便，跟驰车距与安全车距之比权值用 $X3$ 表示；危险变道次数权值用 $Y3$ 表示。

A.3.2 驾驶指数计算

根据系统监测的数据并依据表 A.3-1 赋予的权值，按照式（A.3-1）计算危险跟驰和变道驾驶指数。

$$J3 = X3 + Y3 \qquad (A.3\text{-}1)$$

式中：$J3$——危险跟驰和变道驾驶指数；

$X3$——跟驰车距与安全车距之比权值；

$Y3$——危险变道次数权值。

A.3.3 预警级别对应

依据公式（A.3-1）计算的危险跟驰和变道驾驶指数，

按表 A.3-2 规定进行预警级别对应。

表 A.3-2 危险跟驰和变道驾驶指数与预警级别对应表

危险驾驶指数（J）	预警级别
0～3	Ⅰ
4～7	Ⅱ
8～16	Ⅲ
17～31	Ⅳ
≥32	Ⅴ

附录 B 危险驾驶风险
（资料性）

B.1 危险驾驶风险度量

B.1.1 危险驾驶风险参数

危险驾驶行为风险参数可以量化衡量对于一个给定的交通行为，某种危险驾驶行为的严重程度。基于每个驾驶人在特定场景中的交通行为，可以使用风险度量的方法计算危险驾驶行为的风险参数，如：危险跟驰、蛇形驾驶、速度不稳、危险变道、车道侵占、频繁换道。

表 B.1 危险驾驶行为类别及风险参数汇总

序号	危险驾驶行为类别	危险驾驶行为描述	参数获取方法
1	危险跟驰	车辆跟驰过近	车载传感器、视频
2	蛇形驾驶	车辆行驶过程中左右摆动，呈现蛇形驾驶状态	车载传感器、视频
3	速度不稳	加减速频繁	车载传感器

续表

序号	危险驾驶行为类别	危险驾驶行为描述	参数获取方法
4	危险变道	强行变换车道,插入车辆	车载传感器、视频
5	车道侵占	事故或堵塞等非紧急情况下占用公路应急车道停车、路肩行驶、违规掉头、行车轧车道分界线等	车载传感器、视频
6	频繁换道	相邻车道频繁变换、多车道连续换道	车载传感器、视频

B.1.2 危险跟驰

危险跟驰风险参数衡量车辆跟驰过近,发生追尾事故的风险。$M_1(t)$数值越大,代表此时危险跟驰的风险越大,$M_1(t)$数值在 0 以下时,代表此时没有危险跟驰的风险,公式为

$$M_1(t) = \frac{V_x(x) - V_{lx}(t)}{D_1(t)} \qquad (B.1)$$

式中：$M_1(t)$——时刻 t 的危险跟驰风险参数;

$V_x(t)$——目标车辆在时刻 t 的纵向速度;

$V_{1x}(t)$——目标车辆前车在时刻 t 的纵向速度;

$D_1(t)$——目标车辆与前车在时刻 t 的车间距;

$M_1(t)$——单位是 s^{-1}。

B.1.3 蛇形驾驶

蛇形驾驶风险参数衡量车辆行驶过程中横向控制稳定性。当车辆在同一车道内蛇形摆动时，其纵向速度的标准差较大，而均值近于零。$M_2(t)$数值越大，则蛇形驾驶越严重，公式为

$$M_2(t) = \frac{\text{std}[V_y(t-2), \cdots, V_y(t)]}{\text{mean}[V_y(t-2), \cdots, V_y(t)]} \quad （B.2）$$

式中：$M_2(t)$——时刻 t 的蛇形驾驶特征参数；

　　　std(·)——标准差；

　　　mean(·)——均值；

　　　$V_y(t)$——目标车辆在时刻 t 的横向速度。

B.1.4 速度不稳

速度不稳风险参数衡量车辆频繁加减速，车速波动大的状态。$M_3(t)$数值越大则车速越不稳，公式为

$$M_3(t) = \frac{\text{std}[V_x(t-2), \cdots, V_x(t)]}{\text{mean}[V_x(t-2), \cdots, V_x(t)]} \quad （B.3）$$

式中：$M_3(t)$——时刻 t 的速度不稳特征参数。

B.1.5 危险变道

危险变道风险参数衡量车辆在目标车道可插入间距过小时换道，导致目标车道的前车或后车出现追尾的风险。$M_4(t)$数值越大，危险变道的风险越大。仅在车辆进行变道的瞬间对危险变道 $M_4(t)$进行计算，其他时间认为 $M_4(t)$为 0，公式为

$$M_4(t) = \max\left\{\frac{V_x(t)-V_{1x}(t)}{D_1(t)}, \frac{V_{2x}(t)-V_x(t)}{D_2(t)}\right\} \quad （B.4）$$

式中：$M_4(t)$——时刻 t 的危险变道风险参数；

$V_{2x}(t)$——目标车辆后车在时刻 t 的纵向速度；

$D_2(t)$——目标车辆与后车在时刻 t 的车间距。

B.1.6 车道侵占

车道侵占风险参数衡量车辆在事故或堵塞等非紧急情况下占用公路应急车道停车、路肩行驶、违规掉头、行车轧车道分界线等，导致目标车道的后车出现追尾的风险。$M_5(t)$数值越大，车道侵占的风险越大。仅在车辆存在车道侵占的时段对车道侵占 $M_5(t)$进行计算,其他时间认为 $M_5(t)$为 0，公式为

$$M_5(t) = \max\left\{L_x - \frac{(w_l - w_v)}{2}, 0\right\} \quad (\text{B.5})$$

式中：$M_5(t)$——时刻 t 的车道侵占风险参数；

L_x——目标车辆偏离车道中心线的距离；

w_l——目标车辆宽度；

w_v——目标车道宽度。

B.1.7 频繁换道

频繁换道风险参数衡量车辆相邻车道频繁变换、多车道连续换道，导致目标车道的前车或后车出现追尾的风险。$M_6(t)$ 数值越大，频繁换道的风险越大，公式为

$$M_6(t) = \frac{T}{L_y} \quad (\text{B.6})$$

式中：$M_6(t)$——时刻 t 的频繁换道风险参数；

L_y——目标车辆换道距离；

T——目标车辆换道次数。

B.2 危险驾驶行为阈值确定

危险驾驶行为风险参数可以量化目标车辆在行驶中每个时刻的交通行为的危险程度，危险驾驶行为阈值可以用来划分目标车辆是否显著存在某种危险驾驶行为。

常用的基于统计的阈值确定包括95%分位数法或四分位差法。95%分位数法假定高于总体分布95%分位数的风险参数值为危险值。四分差法是异常值检测中一种常见的方法，第j个危险驾驶行为风险参数的阈值T_j为

$$T_j = Q_j + 1.5 I_j \tag{B.7}$$

式中：Q_j——第j个危险驾驶行为风险参数全部样本总分布的75%分位数；

I_j——四分位差（Interquartile Range, IQR），即第j个危险驾驶行为风险参数全部样本总分布的75%分位数和25%分位数的差值。

通过计算每辆车一定时间内第j个危险驾驶行为风险参数超出阈值的比例，并对所有危险驾驶行为的超出阈值部分进行加权平均，可以得到每辆车的综合危险驾驶得分，

称为该车危险驾驶行为的风险值。风险参数的权重确定可以使用主观赋权的层次分析法或客观赋权的变异系数法等方法。

B.3 危险驾驶行为风险值计算

危险驾驶行为风险值代表了一个危险驾驶行为的综合危险程度。风险值越高,则驾驶人的危险驾驶行为越严重;反之,则驾驶人的行为越安全。危险驾驶行为风险值综合考虑了驾驶人在各项危险驾驶行为的表现。当驾驶人同时出现多种危险驾驶行为时,其风险值会偏高;反之,当驾驶人只出现少数危险驾驶行为或没有危险驾驶行为时,其风险值会偏低。

通过式(B.8)计算每辆车 $M_i(t)$ 超出阈值的比例,可以得到每辆车在时刻 t 的第 i 个危险驾驶行为的瞬时得分 $S_i(t)$,得分越高代表危险程度越高。当 $M_i(t)$ 值没有超出阈值时,得分为 0,代表在时刻 t 不存在危险。$S_i(t)$ 表示为

$$S_i(t) = \begin{cases} \dfrac{M_i(t) - M_i^*}{M_i^*} & M_i(t) > M_i^* \\ 0 & M_i(t) \leqslant M_i^* \end{cases} \quad (\text{B.8})$$

将 $S_i(t)$ 进行时间累计平均，得到每辆车第 i 个危险驾驶行为的时间平均得分 A_i，公式为

$$A_i = \frac{1}{T}\sum_{t=0}^{T} S_i(t) \quad (\text{B.9})$$

式中：T——观测时长。

A_{Ni} 是对所有车辆第 i 个危险驾驶行为的 A_i 进行归一化处理后的数值。如式（B.10）所示，归一化处理保证所有车辆的 A_{Ni} 均处于 0 与 1 之间。

$$A_{Ni} = \frac{A_i - \min(A_i)}{\max(A_i) - \min(A_i)} \quad (\text{B.10})$$

对归一化后的 A_{Ni} 加权平均，可以得到每辆车的综合危险驾驶得分 λ，称为该车辆的危险驾驶行为的风险值，如式（B.11）所示。

$$\lambda = \sum_{i=1}^{n} w_i A_{Ni} \quad (\text{B.11})$$

式中：w_i——第 i 个危险驾驶行为的权重，代表其在所有危险驾驶行为中所占比重，所有危险驾驶行为的权重之和为 1。

权重确定方法一般分为客观赋权法与主观赋权法。客观赋权法包括 CRITIC 权重法，独立性权重法，变异系数法等。主观赋权法包括层次分析法与优序图法等。使用 CRITIC 权重赋权法计算危险驾驶行为的权重。CRITIC 权重赋权法使用对比强度和冲突性指标。对比强度使用标准差进行表示，如果数据标准差越大说明波动越大，权重会越高；冲突性使用相关系数进行表示，如果指标之间的相关系数值越大，说明冲突性越小，那么其权重也就越低。权重计算时，对比强度与冲突性指标相乘，并且进行归一化处理，即得到最终的权重。

第 i 个危险驾驶行为的信息量计算公式为

$$C_i = s_i R_i = s_i \sum_{j=1}^{n}(1-r_{ij}) \quad （B.12）$$

式中：C_i——第 i 个危险驾驶行为的信息量；

s_i——所有样本的第 i 个危险驾驶行为风险参数的标准差，即对比强度；

R_i——所有样本的第 i 个危险驾驶行为风险参数的冲突性指标；

r_{ij}——所有样本的第 i 个危险驾驶行为风险参数与所有样本的第 j 个危险驾驶行为风险参数的相关系数。

对信息量进行归一化处理后，得到最终的权重 w_i：

$$w_i = \frac{C_i}{\sum_{i=1}^{n} C_i} \qquad (B.13)$$

B.4 预警级别对应

依据公式（B.11）计算的危险驾驶行为的风险值，按表 B.4 规定进行预警级别对应。

表 B.4 危险跟驰和变道驾驶指数与预警级别对应表

危险驾驶指数（J）	预警级别
$\lambda \leq 0$	I
$0 < \lambda \leq 0.25$	II
$0.25 < \lambda \leq 0.5$	III
$0.5 < \lambda \leq 0.75$	IV
$\lambda > 0.75$	V